JN408803

부활을 꿈꾸며

부활을 꿈꾸며

김임백 시집

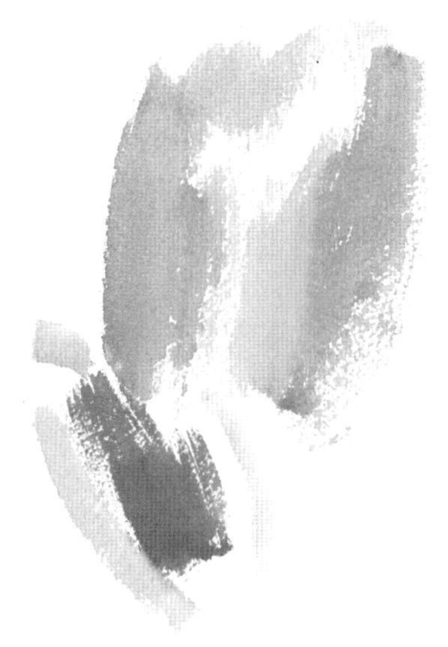

해암

| 시인의 말 |

첫 시집을 낸 지 13년 만에 시집을 내니 참으로 오랜 공백이 있었다. 그동안 바쁜 직장 일에 얽매이다 보니 잠시 시를 잊어버린 적도 있었다. 하지만 결코 시를 버리진 않았다.
각박한 세상일수록 그리워지는 게 시였고 막상 잡으려고 다가가면 무지개처럼 잡히지 않는 게 또한 시였다.
그러다 어느 봄날 훨훨 날아가는 나비 떼를 보았다.
무엇이 그들을 날게 했을까?
고통 없이는 이루어지지 않음을 부화를 꿈꾸며 날갯짓하는 몸짓 결코 헛되지 않으리라.
두 번째 시집이 세상에 나올 수 있게 격려해 주신 황갑윤 문학박사님과 예쁜 시집을 만들어주신 해암출판사 편집 여러분께도 깊은 감사의 인사를 올립니다.
또한, 묵묵히 외조를 해준 남편과 두 딸과 아들이 언제나 든든한 버팀목임을 잊지 않는다.
적지 않은 세월 나와 함께 뒹군 시를 세상에 내놓으려니 여전히 낯설고 두렵다.
오랜만에 새로운 시작의 출발점에 서 있는 시집, 부끄럽고 설렌다. 창밖을 보니 햇살이 참 눈부시다.

2019년 6월

김 임 백

| 차례 |

1_ 상생

말라버린 옹달샘 15
굳게 닫힌 문 16
문서 파쇄기 17
지렁이 18
비 그친 후 19
상생相生 20
사랑니 머문 자리 22
산행 23
화장을 하며 24
잡초 25
따뜻한 힘 26
지하철 안에서 27
봄 28
참꽃 29
길을 가다가 30
김장김치 31
간고등어 32

2_부화를 꿈꾸며

부화를 꿈꾸며 35
소나무와 눈꽃송이들 36
꽃상여 37
도심 속의 보리밭 38
보리밭 39
꽃집을 지나며 40
나를 조종하는 정원사 41
소낙비 42
컨테이너 43
벚꽃처럼 44
목련꽃 45
상실 46
미아 찾기 48
동행 49
고양이 울음소리 50
가습기를 보며 51
참꽃나무들 52

3_겨울 담쟁이

겨울담쟁이 55
바람이 전하는 말 56
자폐증 앓는 원숭이 57
가로등 58
할머니 59
양심을 사고파는 사람들 60
깨진 그릇 61
홍시 하나 62
탱자나무 가시 63
화난 여자 64
비닐봉지 65
수신호 하는 로봇 66
손목 건초염 67
강가에서 68
알람시계 69
꽃바구니의 항변 70
뿔난 감자 71
버스를 놓치다 72

4_거미줄

거미줄 75
구두 76
여드름 77
추억 78
연을 날리며 79
눈 오는 날에 80
수능 81
뿔난 밤송이 82
포인트 점수 83
붕어빵 84
붕어빵 가족 85
낙엽의 독백 86
소리 87
도토리 88
김 삿갓 89
바람 앞에서 90
가짜 조기 91
개나리의 하소연 92

5_꿈꾸는 인형

꿈꾸는 인형 95
잡초 96
내가 꽃이라면 97
송이버섯 98
멜로디가 흐르는 공원 99
생일 아침에 100
나에게 날개가 있다면 101
타이어 102
배달사고 103
응급실에서 104
휴대전화기 105
문화공연 106
달맞이꽃 107
비 108
장맛비 109
파리의 울부짖음 110
폭포를 보며 111
능소화 112

6_나팔꽃의 독백

나팔꽃의 독백 115
쾌속정을 타면서 116
키에 대한 단상 117
수박 118
도서관에서 119
가을의 끝자락 120
미명未明을 찾아서 121
비둘기의 비애 122
말 한마디의 값 123
동굴을 지나며 124
종이 한 장 차이 125
아프면 126
베짱이 127
밤손님 128
밤비 129
국화 130

해설 133

부화를 꿈꾸며
김임백 시집

1부
상생

말라버린 옹달샘

그늘 비켜간 산비탈
웅크리고 앉아 있는 옹달샘
하늘만 쳐다보고 있다
한때 푸른 하늘 잎새 하나 띄워
구름이 놀다 가고
낮달 내려와 조롱박 띄웠던 젊은 시절
잡초 우거져 날벌레들 살갗 뜯고 있을 뿐
안부 전하던 바람
어디서 무엇하는지 발길 뜸하고
구름조차 변심하여 서녘으로 향한다
스쳐 지나가는 빛바랜 얼굴
하나 둘 기억 속에서 멀어져 가고
산자락에 어둠 내리면
고독으로 울부짖는 슬픈 눈동자
민들레 홀씨처럼 날아간 덧없는 세월이여
그믐달마저 실눈 감고 외면할 때
어디서 홀연히 찾아드는 빗방울
갈길 바쁜지
먹구름 내려놓고 황급히 사라진다

굳게 닫힌 문

발길 뜸한 지하 창고에
우두커니 서 있는 칠 벗겨진 캐비닛
아무리 다그쳐도
자물통 보초 세운 채 묵비권 행세한다
언제부터 냉전이었을까
먼지와 눈도장 찍을 뿐
마음마저 갇혀버린 시공時空
꼭꼭 닫아버려 상실된 자아
안으로 잠겨버린 빗장 단호하다
할 말 다하지 못해
입 꾹 다문 침묵
고독한 자의 설움이리라
어눌한 말로는 어림없는가
어디에도 없는 문
첫 만남에 가슴 설레었듯
그대 마음 열릴 때까지
거슬러 오르는 연어처럼
여울져 흐르고 싶다

문서 파쇄기

함부로 누설할 수 없는 비밀
야금야금 받아먹어 소화불량에 걸렸다
입 막고 눈 가리며 살아온 세월
이제 터질 것 같아
문서 파쇄기에서 탈출 나온 종잇조각들
바람 부는 대로 흩날리다가
나뭇가지에 털썩 주저앉았다
어스름 달빛 숲 속 지날 때
임금님 귀는 당나귀 귀
임금님 귀는 당나귀 귀
웅성거리는 소리 들렸다
비밀의 주파수 삐삐 삐삐
입 근질근질한 바람
신비한 암호로 여기저기
호출 문자 보내고 있었다

지렁이

산책로散策路에
허리 잘린 기다란 지렁이
한 마리 꿈틀거리고 있다
밝은 빛 보려고 세상에 나왔던가
긴장 풀려 느슨한 매듭처럼
경계 없는 사통팔달로
그저 온몸으로 꿈틀거릴 뿐
눈 부라리는 붉은 해 혓바닥 날름거리고
수런거리는 자작나무 숲
바람이 소식 전해준다
우르르 문상 온 개미떼들
무심코 지렁이 밟고 지나가는 사람들
발밑에서 머리 조아린다

비 그친 후

무슨 할 말 그리도 많은지
종일 발길 붙잡는다
햇살 같은 꼬마 녀석들
종종걸음으로 놀이터에 갔더니
빗방울들 먼저 와서 한 줄로
쪼르르 철봉대에 매달려 있다

대롱대롱대롱
수다 너무 떨어
힘 빠졌나
툭

다급해진 빗방울
바람이 얼른 안아갔다

무지개 한 쌍 걸어두고
붉은 얼굴 수줍게 내민 햇살
졸음 겨워 하품하고 있다

상생相生

길바닥에 내팽개쳐져
속울음 삼키던 폐타이어 하나
달리는 자동차 바퀴를 물끄러미 바라본다
나도 한때는 저렇게 달렸지
겁 없이 담벼락이나 시궁창을 들이박고
전치 3주의 진단 받아도
오직 질주만을 생각하며 살아온 날들
일생을 아스팔트에 바치고
평생 속도에 지친 몸
때로는 마음 속 묻어 둔 내일의 희망뿐
아무 것도 가진 것 없었다
영혼의 궁핍 속에서
가슴 한쪽만 가지고 살아온 날들
폐타이어 틈새로 고개 내민 민들레꽃 한 송이
이제 나랑 놀자 하며
환한 웃음 머금고 손 내민다
비가 오면 두둥실 나룻배 띄우고
바람 가득 찼던 허황된 꿈마저 비워낸 채

오직 내 한쪽 팔 늘어지고
내 등뼈 휘어져 쭈그리고 앉아
오로지 미쳐버린 불사조처럼
아직 남은 온기로 아무도 눈길 주지 않는
노란 민들레꽃 한 송이 키우고 있다

사랑니 머문 자리

허울 좋은 이름 달고
구석진 곳에 웅크리고 앉아
이름값 못하는 왼쪽 사랑니
씨방 같은 잇몸 속에서 발버둥친다

한바탕 왁자지껄
사랑으로 채우고 싶었던 자리
다가갈 수 없어
기어이 터져버린 봇물이여

애당초 태어난 게 죄였던가
불꽃처럼 살다 간 짧은 생
부풀어 가던 시간
바람 빠져 홀쭉해진 빈자리
안개꽃이 가득하다

곁에서 장난치며 놀려대던 혀
유배당해 떠난 빈 둥지
잡을 수 없는 가련한 임
안쓰러워 밤잠 설친다

산행

정상에 오르기 위해
허공 나르던 흰 구름
그 얼마나 헐떡였던가
솔가지에 걸터앉은 멧새들
곁눈질할 틈 없이 구슬땀 흘렸다
하늘에서 노닥거리던 태양
제집 찾아가느라 서녘으로 향할 때
서둘러 내려오는 길
계곡에서 떠밀려 내려오던 물줄기
웅덩이에서 멈추어 쉬고 있다
오를 때 나를 쳐다보지 않더니
내려올수록 낮아지지 않는 하늘
까치 한 마리 큰 소리로 맞장구친다
갑자기 비가 온다
무엇이 급하냐고 사변을 늘어놓으며
발길 붙잡는 빗줄기
온종일 부채질하던 강아지풀
연신 고개 끄덕이고
악보처럼 늘어선 나무들
눈 감고 귀 기울이고 있다

화장을 하며

칙칙한 눈가에
명당자리인 양 우후죽순으로
터 잡은 잡티
파운데이션으로 쿡쿡 누르면 누를수록
돌부리처럼 튀어나와
거세게 반항하는 저것들
아무리 달래 봐도 그때 뿐
분장 잘하면 감쪽같았던 시절
속내 감춘 채 겉멋 내며
잘난 척 종횡무진 거리를 누볐다
어둠이 슬며시 다가오는 시간
한 올 한 올 걷어 올려 매듭지으면
풀린 올 감쪽같이 사라지듯
부드러워지는 화장이 필요한 상황
토닥토닥 때깔 고운 분
나이도 세월도 한 꺼풀씩 덮고 덮는다
아무리 가면을 써도
낯선 그림자 낯은 포복으로 자리해
거울 너머엔
여전히 낯선 모습의 내가 서 있다

잡초

바람이 지나가면
초록 손 흔들어 미소 짓고
이슬과 함께 새벽을 맞으며
오늘도 한 뼘 키 늘린다

이름도
쓸모도 없어 잡초라 하지만
주어진 생이기에
꿋꿋하게 살아간다
따뜻한 봄날
민들레 노오란 꽃망울 터뜨리면
찬사 보낼 줄 알고
가시덩굴이 몸 찔러도
참아낼 줄 아는 너는
한 포기 자유로운 영혼

따뜻한 힘

아가의 작은 손
엄마의 넓고 둥근 어깨 위에서
바람도 잡았다 놓고
햇살과도 악수 한다
아가의 머리 위에
평화로움 머물고 있다
아가 시선 머무는 곳
누군가 뒤따라오고 있다
바람이 놀라 멈칫
구름도 숨죽이며 지켜보는데
아랑곳없는 저 아가 웃음소리
날 잡아 봐라 날 잡아 봐라
엄마 어깨 위에
따뜻한 힘이 녹아 있다

지하철 안에서

늦은 시간
하품하며 레일로 들어오는 지하철
낡은 고무줄처럼 늘어진
몸 이끌고 자리에 앉았다
스마트폰 만지작거리다 고개 들어보니
맞은 편 총각 앉았던 자리에
할아버지 한 분 앉아 계신다
어디에서 흘러와 어디로 가는지
굽이굽이 고갯길 움푹 패인 이마
창 밖에 피어 있던 꽃들
바람에 우르르 지듯
주름살 노을처럼 퍼진다
돌아갈 길 잊을까 봐 두리번거리며
힘겹게 계단을 빠져 나온 할아버지
황급히 어둠 속으로 몸 숨긴다
빛나는 별 하나 보이지 않는 밤
차량들 불빛만 눈 끔벅거리며
쓰윽 지나간다

봄

다시 오겠노라 약속했지만
어찌 쉽게 만나겠는가
아지랑이 가물거리는
겨운 눈빛 따라
파릇한 이파리 가지마다 돋아나는
터질 듯 부푸는 가슴
칼날 같은 꽃샘바람에 얻어터지고
기습하는 우박
어깨 사정없이 흔들어
주르르 눈물 살갗
깊이 파고들고서야
기어코 오는 봄

참꽃

유가사 가는 길모퉁이
옹기종기 모여앉아
날 좀 봐 주세요
옷자락 잡으며 얼굴 붉힌다
눈 아프도록 피었다
세상의 온갖 시름
내려놓고 가란다
때가 되면 고개 숙이고
팽팽한 욕망 채우지 않는
그대 이름은 참꽃이다

길을 가다가

길을 가다가
털썩 주저앉는다
여기가 어디쯤일까
이정표 하나 보이지 않는
가파른 언덕길
안개마저 시야를 가려
걸음걸이가 삐뚤어졌다
계속 걸어가야 하나
아니면 되돌아가야 하나
뒤돌아보니 아득하다
어디로 향해 가는지
몸집보다 더 큰 등짐 짊어지고
쉼 없이 기어가는 개미떼
일용할 양식 끌어 모으는
처절한 사투
지켜보던 구름 발 동동 구르고
바람이 응원하며 등 떠민다
갈 길 먼데
다시 신발 끈 조여맨다

김장김치

반으로 잘라진 배추
왕소금 세례에
온몸으로 퍼져가는 아픔과 회한
혼자서 지그시 견딘다
남은 생애 헤아리는 것
나의 육신이 누리는 마지막 행복이려니
파 마늘 생강 젓갈에 버무려지면서도
푸르렀던 지난 날
더는 노래하지 않는다
늘 푸르기만 고집하고
봄날이기만 기대했던 어리석음
추운 겨울 어둠 속에서
팔팔한 욕망 숨죽이고 매콤하게 익어
얼어붙은 사람들의 식탁 위에 오른다

간고등어

부산에서 건너온 간고등어
버젓이 안동간고등어 행세한다
어디서 무얼 하다 왔는지
등짝엔 푸르스름한 빛깔 뺀질거리고
사람들 너도나도 달려들어
한 손씩 안고 갈 때
살얼음 판자 위에 철퍼덕 주저앉은
안동간고등어 외눈으로 노려보고 있다
옷 잘 입힌 간고등어 앞에
줄지어 선 아주머니들
난 진짜 아녀요 내 잘못 아니라구요
양심에 찔려 비실댄다
이를 어쩔거나 어쩔거나

2부
부화를 꿈꾸며

부화를 꿈꾸며

새벽이슬에 젖은 나팔꽃
햇살로 망울 털고 있을 때
막 깨어나 부화한 나비 떼
창공으로 날아오른다
저 나비 떼 좀 봐
나도 나비처럼 부화하는 거야
은하수 넘실대는 밤이 되어서야
고요로 언어를 쏟아내듯
나비 되려는 몸짓
어둠 속에서 막막한 고뇌
가슴으로 부딪치고
머리로 들이밀어 볼까
돌풍 불어오는 황야에 서서
껍질을 깨고 밖으로 나오듯
한 꺼풀 벗긴다는 것은
통증을 자초하는 것
언젠가는 샛별 되어
은하수 강가에서 횃불 흔들겠지

소나무와 눈꽃송이들

절벽의 소나무 한 그루
사계절 푸른 옷만 고집한 채
이탈하려는 솔가지 달래고 있다
궤도 벗어나면 별똥별
오랫동안 머물러야 할
우주의 중심은 여기다
파도가 삼키며 어둠 몰고 온다
홀로 고집 피운다 흉보지 마라
언젠가는 비바람에 꺾여
밑바닥으로 추락할지언정
하늘 향한 마음 굽히지 않았다
세상 시끄러워 귀조차 닫았는가
들리는 건 웅성거리는 파도소리뿐
해풍에 쫓겨 온 그믐달
가지 끝에서 야윈 몸 추스르고 있다
어느 날
가슴앓이 하던 눈꽃송이들
떼 지어 와락 품에 안긴다

꽃상여

햇살 받으며 사랑 듬뿍 받던 벚꽃
길바닥에 누워 훤히 길 밝히고 있다
비에 젖고 바람에 날리며 가는
아무도 막을 수 없는 길

칠순 겨우 넘기신 어머니
황망히 이승의 강 건너시던 날
꽃상여 저렇게 길 훤히 밝혔었지
논두렁 밭두렁 진흙더미 밟으며
상두꾼 노랫가락 구슬퍼도
너울너울 나비 따라 떠나가셨지

뒤 안 돌아보며 마지막 가실 때
꽃상여 타고 호사 누리신 어머니
해마다 봄이 오면
몰래 그 길 다녀가시나 보다

도심 속의 보리밭

동대구역 앞 사각의 화분 속
보리 싹들 빼곡히 모여서
지나가는 사람들 옷자락 붙잡는다
좁은 울타리에 갇혔다고 투덜대는 한 놈
여긴 비좁아 넓은 보리밭으로 가고 싶어
그새 또 다른 한 놈 벌떡 일어서더니
나는 내 고향 언덕으로 가고 싶어
던져주는 과자 맛에 길들인 비둘기들
보란 듯 꼬리 살랑대며 지나가고
봄바람에 들뜬 양털구름
하늘에 수채화 펼쳐 놓고 유혹하는 한낮
보리인지 풀인지 구분 못하는
도시 아이들 보라고 너희들 여기 있는 거야
햇볕이 등 두드리며 위로해 주고 있다
눈길 떼지 못하는 어르신들
참 좋네그려
도시에서 보리밭이라니
오도 가도 못하고 갇혀버린 몸
이 악문 채 견디고 있다

보리밭

남풍이 나를
고향 집으로 데려다 주었다
지금쯤 보리밭 비단결처럼 넘실거려
종달새가 제일 먼저 반겨줄 텐데
서너 평 남짓 보리밭
심심한 듯 먼 산 바라보고 있을 뿐
구수한 보리 내음 어디로 갔나

고사리 같은 손 밭고랑 휘젓고 다닐 때
종달새 날갯짓으로 응원했었지
누렇게 익은 보릿단 옮길 때면
까칠한 가시 온몸 찔러대어
농사꾼에겐 시집 안 갈 거야
찔끔 눈물 흘렸었지

보리 서리하다 들켜
시커먼 입으로 줄행랑쳤던 친구들
지금 어디에서 서녘 하늘 바라보고 있나
허리 꺾인 바람 보리밭에 쓰러져
넘실거리면 바둑이와 달리기 하던
밭고랑 보리밭

꽃집을 지나며

누가 상喪 당했을까
흰 국화송이들
트럭 위에 올라서서
조문 갈 채비 챙기고 있다
한 번은 가고야 말 생生이라지만
어느 부잣집 마나님이라도 가신 건지
몸 낮추어 경건히 기도하고 있다

그 옆에 알록달록 제 빛깔 자랑하듯
거베라들 고개 빳빳이 쳐든 채 호들갑 떤다
난 결혼식에 가야 해
거미줄처럼 엮어가며 종종걸음 치던 날들
결국은 종착역으로 가는 것을
산 자와 죽은 자 나란히 서서
동상이몽을 꾸고 있다
바람도 눈치 보며
발뒤꿈치 들고 지나간다

나를 조종하는 정원사

아파트 화단에 들쑥날쑥
제멋대로 튀어 오른 회양목
정원사가 전지가위로 싹둑 자른다
똑같이 나아가야 해
함부로 한 발 더 앞서려 하지 마
내가 무슨 생각하는지
어디까지 빗나갔는지
한눈에 눈치 채고 따끔하게 충고한다
똑같은 건 싫어 내 꿈 자르지 마세요
가늘고 긴 노래 목구멍 속에서만 맴돌 뿐
자로 잰 듯 반듯하게 항렬 공부한다
하늘 높은 줄 모르고 허공 휘젓던
솔가지 고개 푹 숙인다
아둔함으로 방향 잃고 헤매는 몸
가윗날 무디기 전 조종해 주세요
해탈 꿈꾸는 듯 상처가 환하다

소낙비

참아왔던 말 우당탕
한꺼번에 말문 터져 배수로에
수천만 말들 떠내려간다
온 천지 물보라 세우면서 맨발로 달려와
도적질 하는 들 고양이
게으름 피우며 낮잠 자는 이파리
우르르 쾅
한 대 얻어맞아 허리 다친
능소화나무 누워서 항복한다
세상 평정하는 저 힘
한때 우리 사랑도 저리 했을까
풀지 못한 응어리 쌓인 가슴
짧고 날카로운 화살
세상 밖으로 쏘아대다가
수직으로 떨어졌다
끝내 자취 감추고 마는 무지개
할 말도 들을 말도 없다는 듯
슬며시 지하로 숨어드는 소낙비
왔던 곳으로 돌아가는 길
까닭 모르게 가슴 후련하다

컨테이너

밤새 도서관 한 채
행방불명이다
공원 입구에 버티고 앉아
아침마다 까치에게
동시 한 줄 외우게 하고
눈독 들이는 햇살
소낙비 내리는 날이면
온몸이 젖어 노래한다
임시 어린이도서실
누가 메고 갔을까
심심한 까치들
할 일 없이 왔다 갔다 할 뿐
아무 일 없었다는 듯
휑하니 사라진 자리
바람이 스쳐지나 간다

벚꽃처럼

벚꽃나무들
옹알이하는 갓난아기처럼
며칠 동안 입 달싹거리더니
갑자기 말문 터져 시끌벅적하다
선불리 터뜨릴 수 없어
가슴앓이 했으리
이제는 말할 수 있노라
지나가는 사람들 옷자락 붙잡으며
야단스레 늘어진다
벚꽃처럼 말문 터져
시 한 줄 읊었으면 좋으련만
곳간처럼 텅 빈 머릿속 거미줄 쳐져
답답한 가슴 찢어발겨도
숨겨진 속마음 드러낼 수 없다
시여 내게로 오라
세상 훤히 밝힐 나의 벚꽃나무

목련꽃

목련나무 아래 벤치에 앉아
어깨 짓누르던 가방 내려놓고
하늘 쳐다보니
뭉게구름 사이로 목련 꽃
계속 움켜쥐고 있어도
소용없다는 걸 보여주는 걸까
바람이 가방 위로
목련꽃 한두 송이
천천히 내려놓더니
꽃송이들 돌아눕는다
왁자하게 술렁대는 목련나뭇가지들
가늘고 긴 팔 뻗어
저들끼리 속삭이는 말
도통 알아들을 수 없다
해맑게 웃는 얼굴
언제쯤 해탈 맛볼까

상실

다리 다친 비둘기 한 마리
빵 한 조각 던져주자
순식간에 나를 에워싼 비둘기 떼
가진 빵 다 주고 돌아서는데
고맙다는 듯 구구 구구
신암공원에 줄지어 서서
자원봉사자들이 퍼 주는
국밥 받아먹는 노숙자들
허기진 뱃속 달래주고 있는데
소문 듣고 몰려온 비둘기 떼
힐끔힐끔 눈치 보고 있다

여기 다 모여라
인심 넉넉하게 퍼주는
자원봉사자들의 환한 미소
한 그릇 더요 멋쩍게
시커먼 손 내미는
국밥 냄새 가득 퍼진 공원

가로수는 구걸 없이
줄 서서 지켜보고 있고
바쁜 구름은 본 척 만 척
스쳐 지나간다

받아먹는 것에 익숙한 그들
한통속인 비둘기들
높게 비상하던 날갯짓 어디로 갔나
포동포동한 몸 뒤뚱거리는 몸짓
햇살이 넌지시 눈총 주고 있다

미아 찾기

스마트폰 택시에 두고 내리던 날
사방에 불어대던 바람 멈칫했다
졸음에 겨운 별들 눈 비비며 하품하다가
들려오는 소식에 발 동동거렸지

미끈한 몸매로 나를 사로잡았던 너
상심한 초승달 목 놓아 울고
수양버들 기진맥진해 널브러진다

어디서 숨죽여 울고 있을까
여기도 저기도
실낱같은 명줄 잡고
늘여 뺀 기린 목
내 품에서 벗어난 스마트폰
영영 돌아오지 않았지

웃음 정지된 공간
싸늘한 밤공기 숨통을 자맥질한다
어둠에 싸인 바다
파도는 갯바위에 부서지고
해조의 날갯짓은 계속되겠지

동행

미처 기억해내지 못한 이 세상에서
얼마나 선한 일을 했기에 많고 많은
사람들 중에 귀한 그대를 만나게 된 걸까요
바위처럼 든든하고 늠름한 신랑
백합처럼 아름답고 우아한 신부
사랑으로 한 길을 걷게 되니
두 사람은 한 사람으로 맺어졌습니다
만인 앞에 사랑을 맹세하는 그대여
나무와 꽃들도
축제의 함성을 터뜨립니다
사랑하는 그대여
이제 시작하는 삶의 길
험한 비바람에도 두 손 꼭 잡은 채
서로 지켜주는 등불이 되어요
이 세상에서 가장 행복한 모습으로
힘차게 날갯짓하는 신랑 신부여
그대 두 사람을 위해
하늘과 땅이 축복해주고 있습니다

「신랑 정인교, 신부 김미혜의 결혼을 축하하며」

고양이 울음소리

달빛 갉아먹는 어둠 사방에 널브러질 때
아파트 주차장에 세워 둔 승용차 바퀴 아래서
고양이 새끼 한 마리 야옹야옹 정적을 깬다
어린 새끼 두고 어미는 어디로 갔나
서럽게 울어 재끼는 소리
눈 게슴츠레 뜨고 있던 가로등
화들짝 놀라 내려다보고
플라타너스 잎새들 숨죽이며 듣고 있다
남의 것 한 번도 탐해본 적 없는
눈망울 초롱초롱한 미물
저 눈에 악의가 있을 리 없다
허기진 배 움켜잡고 애 터지게 할퀴다가
경비아저씨 전등불 비추자
느릿느릿 움직이던 눈동자
초점 잃어 쓰러진다
허공 끝에서 빛나던 달빛마저 눈 감는다
누가 고양이 배를 채워줄까
주린 배 갉아먹는 앙칼진 울음소리
어둠을 할퀴고 있다

가습기를 보며

건조한 사무실
가습기에 스위치 넣으면
일제히 뛰쳐나오는 물방울들
포물선 그리다가 꼬꾸라진다
스스로 가벼워져
천상에라도 닿고 싶은가
지칠 줄 모르고 뿜어대는 열정
피안의 세계인 듯 평화로운 시간
그대 걸어오는 발걸음 소리에
귀 기울이는 오후
뜨겁게 달구는 열기 속으로
메마르고 지친 마음
화분의 여린 꽃나무 물 빨아들이듯
푹푹 젖어들고 있다

참꽃나무들

날 좀 보라며 수다 떨던 참꽃나무들
몸 낮추어 일제히 침묵 중이다
화려한 옷가지 벗어버리고
홀가분한 마음으로
지금은 조용히 자신을 돌아보는 시간
가진 것 없는 몸이라고
바람이 얕잡아 보고 성가시게 굴어도
꿋꿋이 참고 버틴다
때가 되면 또다시 온몸으로
핏빛 울음 토해낼지니
함부로 나를 무시하지 말라
내 이름 사라진 것 아니야
맨몸으로 서로 의지하며
저마다 생각에 잠겨 있을 때
하늘에서 함박눈 내려와
포근히 감싸주고 있다

3부 겨울 담쟁이

겨울 담쟁이

무엇을 얻으려고 안간힘 썼던가
겁 없이 훌쩍 담장 뛰어넘으려 했지만
더는 디딜 곳 없는 허공 아득하여라
여린 발가락 움직여
담벼락 오를 때 부풀었던 꿈들
보란 듯 꼭대기에서 짙푸른 빛으로
담장 너머 먼 세상 거머쥐려 했건만
축대 벽에 붙어 수맥은 마르고
팔다리 떨려도 힘차게 오른다
바람이 살갗 스쳐 지나가
핏기 마른 가슴 바싹 움츠러든다
이슬처럼 머물다 사라질 몸
분별없이 천하를 내 것인 양
하늘로 올라갈 것처럼 교만했던 지난 날
한 마음 가슴으로 삼키고
담벼락을 움켜지고 기댄 채
땅속 깊은 곳 물소리에 귀 기울인다

바람이 전하는 말

들판 가로질러 온 바람이
떡갈나무 마구 흔들어 깨운다
마지막 끈 놓치기 싫어
허우적거리는 잎사귀에게
이제는 손 놓아야지
허공 맴돌며 몸부림치다가
먼저 와 있던 낙엽 더미 속에
얼굴 파묻는다
푸석한 몸뚱어리 할 일 다 했으니
서러워하지 않으리
누구도 거역할 수 없는 길

바스락거리는 소리 즐기며
낙엽길 걸어가는 젊은 한 쌍
물끄러미 바라보는 노파
언젠가 다가올 그들의 모습이란 걸
바람이 넌지시 알려주고 간다

자폐증 앓는 원숭이

쇠창살에 매달려 있는 원숭이
다람쥐 쳇바퀴 돌듯 돌아가는 바깥세상
등 돌린 채 철망 안에서
비 맞은 낙엽처럼 풀 죽어 있다
무동을 탄 아이 손짓하며
과자 던져 주어도
더덩실 그네 타지 않는다
날마다 나무 위로
오르내리던 생각에
서글픈 눈물 흘리며
지독한 자폐증 앓고 있다
자유롭게 우리 드나드는
참새 한 마리
물끄러미 응시하고 있다
정수리에 두 가닥
자유를 꿈꾸는 원숭이
시간만 갉아먹는다

가로등

아파트 공원에 가로등 하나
눈동자 풀어진 채 기진맥진해 있다
어둔 밤 돌부리에 걸릴까 봐
눈 크게 뜨고 지켜주던 너
초점 잃고 흔들리는 불빛 아래
비틀거리며 걸어간다
건너편에서 걸어오던 여자 인사하는데
어디서 봤더라
필라멘트 끊어진 전구같이
깜박 깜박거리는 나의 기억력
사람들 한 명 두 명 떠나간 공원
귓전에 스치는 바람이
몸속 깊이에까지 싸한 물보라 일으킨다
동병상련이던가
하나밖에 없는 가로등 외눈
몸부림치며 나뒹구는 낙엽 위로
가을이 서둘러 가고 있다

할머니

해 질 녘에
학교 운동장에서 할머니 줄넘기하고 있다
키 보다 더 긴 줄 양손에 거머쥐고
심호흡 한번 한 후
두어 번 뒤뚱거리며 뛰었지만 줄에 걸린다
한평생 살아오면서
까무러치며 넘어지기를 몇 번이었을까
깡충깡충 뛰어넘는 초등학생 녀석들
옆에서 깔깔거리며 배꼽 잡는다
응원하며 고개 내민 초저녁 그믐달
한때는 두 주먹 불끈 쥐고
하늘과 땅 오르내리며
거침없이 뛰어넘던 시절 있었다
나보다 더 많이 나를 기억하는 밤
새처럼 날아가고 없는 빈 운동장
바람만 가끔씩 발소리 내고 갈 뿐
호미마냥 굽어진 등
식은땀 소낙비 되어 흘러내린다

양심을 사고파는 사람들

아파트 단지 한 모퉁이에
호박 오이 감자 가지
커다란 소쿠리 안에 들어앉아
가격 매긴 명찰 달고
손님을 기다리고 있다
무인판매라는 글귀가 주인 행세할 뿐
두 눈 뜨고 속는 세상
호박 한 덩어리 천 원 주고 들고 나올 때
고양이 한 마리 다가와
두리번거리며 망보고 있다
잽싸게 감자 한 개입에 물고
회양목 속으로 숨어드는 고양이
이를 어쩔거나 어쩔거나
먹구름 잔뜩 머금고
낮게 내려앉은 하늘
미로 속 같은 길에 갇혀
그 끝자락에
내가 서 있다

깨진 그릇

처음부터 빗나간 것 아니었다
반듯하고 온전한 몸
어느 순간 눈 밖으로 밀려나
화병 생겨 속 뒤집어진 것이다
한번 어긋난 길 되돌릴 수 없지
쓸모없는 몸이라
담장 밑에 쪼그리고 앉았다
하늘도 마음 아파 눈물 흘린다
한때는 신랑 가슴에 기댄 신부
미소 빙그레 짓더니
지나가던 개 목말랐을까
깨진 그릇에 담긴 빗물
허겁지겁 핥아먹는다
반쪽 몸뚱이로도 누군가에게
희망이 되는구나
여전히 깨진 그릇 말 없고
낮게 앉은 하늘도 말 없다

홍시 하나

힘들어 못 견디겠다는 듯
너도나도 뛰어내린 홍시들
길바닥에 퍼질러 앉았다
끝까지 자리 지키고 있는 홍시 하나
새색시처럼 앉아 얼굴 붉힌다
여름 땡볕에도 굴하지 않고 견뎌온 몸
성가시게 구는 이파리 떨어뜨려 후련한지
한결 가벼워진 나뭇가지들
못 본 척 안간힘으로 버틴다
석양 가득 머금었던 갈바람
짓궂게 입맞춤하고 지나갈 때
이대로 죽어도 좋아
여기서 살래 노을 꽃 보다 더 붉게

탱자나무 가시

탱자나무 가시들 돋아
햇살 드러눕지 못하게
스크럼 짜고 있다
바람 불면 토라져 있는 탱자 꽃
여름 지나 가을 와서
노란 탱자 큰 눈망울 나를 쳐다본다
그새 한 뼘 더 자란 탱자 가시
여전히 노려보고 있다
햇살이 눈웃음치며 다가오지만
빗장 건 마음 그물 안에 가둬놓고
벼랑 끝에서 흔들린다
울타리 너머 앙칼진 소리
새어 나올 때마다
어디선가 비명이 들린다
탱자나무 울타리 돌아간 사람들
언제 다시 찾아오려나
목마름은 깊고 깊어
스스로 야위어 가네

화난 여자

속을 삭이며 혼자 흘리던 눈물
강물 되고 바다 되었다
약속을 밥 먹듯 어기는 사람
한번 뱉은 말 가시 되어 허공을 맴돈다
북받치는 설움 어찌할 수 없어서
서둘러 나오는 말
가슴에 맺힌 멍울 부서지기라도 할까
먼 하늘 바라보며
찢어진 마음 사이로 주저앉는다
가슴에 묻으며 크게 숨 한번 쉬는
곰 같은 미련함일지라도
분노의 찌꺼기들
어두컴컴한 곳에 자리 잡을 때면
말 아끼며 참아야 하는
앙다문 입술 파르르 떨려온다

비닐봉지

옥죄어오던 물건들
밀쳐내고 밖으로 뛰쳐나왔다
검은 속 모른다며 놀림 당했던 지난날
탈출구 찾아 주택가 전봇대 아래
입을 헤 벌린 채 실없이 웃고 있다
다 비워내고 가진 것 없는 빈 털털이
바람이 가자는 대로 따라나섰다
환호성 지르며 날아가는 새떼들
비닐봉지는 지금 바람이 데려다준
아파트에서 창문 붙들고
고층으로 기어오른다
새털처럼 가벼워진 몸
눈앞에 펼쳐진 풍경들 내 것인 양 우쭐대며
새들이 자유 누리는 곳까지 가 보리라

수신호 하는 로봇

도로공사가 진행 중인 신호등 앞
주황색 옷 입고 수신호 하는 로봇
횡단보도 건너던 할머니
아직 반밖에 못 갔는데 빨간불 켜지자
아저씨 죄송해요 다리가 시원찮아서
당혹해하며 90도로 인사 꾸뻑한다
욕심내어 달리던 자동차들
로봇 앞에 꼼짝 못 한 채
뙤약볕 아래 서서 눈알 굴리던 신호등
눈살 찌푸리는 태양
가로수 잎들 지쳐 어깨 축 늘어진
그 자리에서 온종일
교통정리하고 있는 로봇
참새들 어깨 위에 앉아 같이 놀자며 유혹해도
빙긋이 웃기만 할 뿐
초지일관으로 지휘하고 있다

손목 건초염

왼쪽 손목 힘줄에
불거진 혹 하나
누르면 누를수록 질러대는 비명
반백 년 이상 부려 먹어
만신창이 된 몸
힘줄 사이로 솟아올라
내지르는 함성
설움 토해내는 속눈물이었을 것이다
휴식이 필요하다며
후각 곤두세운 늑대처럼
으르렁거리고 있다
평생을 함께 지내 온
저 완고한 버팀을 보라
불룩 솟아오른 섬
서슬 퍼런 비수 어둠 속에 토해내는
끝나지 않는 항거
눈길 주지 못했던 손목에
검붉은 망울 맺혀 있다

강가에서

한여름 대낮에 눈 부라리며 흥분하던
태양이 먼저 강물로 뛰어들고
뒤따라 수양버들이 첨벙 뛰어들고
붉게 지친 능소화도 수줍게 발 담근다
강물은 이유 없이 받아 주고 있다
너럭바위 닮으셨던 아버지
물살 되어 일렁인다
4남매 첨벙첨벙 물속 뛰어들었을 때
마음밭 일깨워 철들게 하셨지
산자락에 기대어 서서
푸른 잎 풀어 그늘 만들고
밤이면 곤한 새들의 날갯짓
은하의 강 건너고 있겠지

알람시계

새벽 6시 나를 깨우던 알람시계
새벽 4시에 멈춰 숨 가쁘게 분침 까닥거린다
절박한 마음으로 넋 놓고 있는
헐떡이는 분침 위에
배고픈 서러움 얹고 싶다
배꼽시계만으로도 정확했던 어린 시절
온종일 싸돌아다니다 보니 날은 어두웠고
따뜻한 우동 국물 그리웠지만 가진 돈 없어
뱃속에 바람 빵빵하게 채운 채
저잣거리에서 울었던 기억 하나
서러움으로 온몸 더듬고 있다
둥글고 매끄러운 시그너스 캡슐 한 알 먹고
다시 힘차게 아침을 열어다오

꽃바구니의 항변

개업식 때 불려온 꽃바구니
잔치 끝나자마자 구석에 처박힌 채
눈 밖으로 밀려나고 있다
창문 너머 들락거리는 바람만
얼굴 쓰다듬으며 안부 물을 뿐
그 누구도 그의 존재 따윈 기억하지 않는다
관심 갖고 눈길 던져주던 시절
이곳에 온 후 늘 목말랐다
굽이굽이 걸어온 길
내게 머물렀던 봄날은 일장춘몽이었나
영원한 꽃이 되고 싶은 욕망
거슬러 갈 수 없는 젊은 날의 꿈
한숨 내쉬며 울분 토해내는
내 존재는
그새 들어온 새색시처럼 단장한 호접란은
사람들 관심 한 몸에 받으며
생글생글 웃고 있다

삐난 감자

재래시장에서 사 온 감자
겨우내 베란다에 처박아 둔 채
눈길 한번 주지 않았다
우연히 베란다에 나갔더니
까만 봉지 안에서
더는 못 참겠다는 듯
옆구리에 촉 하나씩 달고 항거 중이었다
쉼 없이 도움 청하다 망가진 몸
독소가 온몸 여기저기 퍼졌다
나에게 다가오지 마
울분 왈칵 쏟아내며
촉수 곤두세우고 있었다

버스를 놓치다

5분 후에 순환 3번 버스 온다고
친절하게 알려주는 스마트폰
횡단보도 건너기 전 떠나가 버렸다
멀어져 가는 버스 뒤꽁무니
날 잡아 봐라 비웃으며 살랑댄다
썰물 지나간 정류장에 한숨 소리
안개꽃 피워 눈앞을 가로막는다
언제 올지 구름도 알려주지 않던 시골버스
짐보따리 끌어안고
땅바닥에 철퍼덕 주저앉아
기린 목 되어 기다렸던 시절
놓친 버스 스타킹에 코 빠져
흰 줄 쭈욱 올라가듯
도미노처럼 약속이 무너지고 있다
스마트폰 없었던 예전의 울 어머니
먼 길 마다하지 않고 걸어 다니셨는데
멈추어 선 시곗바늘처럼
멍하니 하늘만 쳐다보고 있다

4부
거미줄

거미줄

거미줄에 걸려든
잠자리 한 마리 그네를 타고 있다
나무 가지 끝에 오르락내리락 실 풀어내며
자기만의 영역 엮어가던 거미
나를 그만 내려 주세요
애원했지만 묵묵부답
잘난 척 날갯짓하며
허공 휘젓던 잠자리
얕잡아보고 들어간 거미줄
그 언저리에서
필사적으로 몸부림친다
듬성듬성 보이는 조각난 하늘엔
굶주린 구름 떼들 떼거리로 몰려들고
태양은 눈 지그시 감고 있다
마침내 하나의 슬픔을
못물처럼 완벽히 가두고 말았다
둘 다 열반에 들었는지 미동이 없다

구두

새로 산 구두
나에게 순종하고
떠받들겠다는 약속
20분 거리 못 가서
트집 잡으며 앙탈 부린다
밑바닥에서 오물 밟으며
참아내야 한다는 두려움
세찬 바람에 휘청거려도
이 몸 운반해 다오
너와 나 한 배 타고 가는 운명
구석에 처박혀 있던
한 생 다 바친 헌 구두
눈 힐끔거리며 쳐다보고 있다

여드름

딸아이 곱던 얼굴
열꽃들이 농성 중이다
온 힘 다해 달래 보건만
시간 지나면 또다시
함성 토해낸다
식을 줄 모르는 투쟁
메뚜기도 한철이거늘
8년 동안 집착할수록
영혼마저 시들어간다
머문 자리
흔적 남기고야 말겠다는 듯
악쓰며 달려드는 무리들
손은 허공을 잡고 있다

추억

초등학교 시절
해 질 녘까지 소풀 먹이며
하모니카 연주했던 추억들
친구들과 땅따먹기 놀이하는 동안
심심해 저 홀로 산 중턱 넘어가
주인 잃고 헤매는 수심 가득한 눈망울
가보 1호였던 소
첫새벽에 쇠죽 끓일 때
목 길게 빼고 되새김질하며
뒤에서 다가와 혓바닥으로 핥으면
매끄런 감촉의 짜릿함
뙤약볕에 쟁기 씌워 밭갈이 가는 날
주둥이 봉하고 매질해도 두 눈만 끔뻑거렸지
우시장에 팔러 가던 날
눈물 글썽이며 주름진 목 쓰다듬어 주었다
수입 쇠고기 판치고
농부들의 한숨 소리 여기저기에서 들릴 때
터질 듯 부풀어 오르는
분노로 치닫는 마음

연을 날리며

벗어나고 싶었다
몸에 부착된 장식들 벗어던지고
바람 따라 자유를 꿈꾸는 몸
순조롭게 나아갈 때 있었고
때로는 전깃줄에 꼬여
혼쭐난 적도 있었다
하늘이 풀지 않는 한
맘대로 풀지 못하는 인연의 끈
달아날 수 없는
족쇄 하나 채워지지만
조종하는 대로 휘날리다가
다시 당신 곁으로 다가갈 수밖에

눈 오는 날에

옷 벗어버린 나무들
줄지어 서서 눈을 맞고 있다
바람에게 모든 걸 빼앗기고
추위에 떨고 있다
잘 빗질된 산등성이 타고
흩날리는 눈꽃송이
살갗 간질임에
웃음 참느라 흐느적거린다
후미진 골짜기
전하는 티 없는 말씀들
간사한 바람
엿듣다가 술렁댄다
이 골짜기
저 골짜기
들썩거리는 소리
가만가만 잠재우고 있다

수능

아들놈 수능 다음 날
상자 가득 책 담아내 놓으며
덕지덕지 붙어있는 피로
아침 햇살에 헹구어낸다
3년을 눈 맞춘 활자들
상자 안에 갇힌 채
비켜가는 햇살 한 줌
그리워하고 있다
책이 귀하던 나의 학창 시절
가보처럼 물려주었던 얼굴들
한 생 다 바쳐 헌신하고
폐품으로 팔려가는 몸
험한 물살 헤쳐 오느라
생채기 너덜너덜
신음하고 나뒹굴던
교과서 문제집
뒤돌아보지 않고 훌쩍 떠나간다

뿔난 밤송이

다람쥐에게 알몸 빼앗기고
가시 곧추세운 밤송이
낙엽 더미 속에 숨어서
눈물 흘리고 있다
품에 보듬어
살과 피 나누어주었건만
품 안 자식 그리워
먼 산 바라보고 있는 노모
헐거운 어둠 숨기고 있다
달덩이이었던 얼굴
자식들에게 다 내어주고
남아 있는 건 텅 빈 껍데기뿐
찬바람이 휘젓고 다닐 때
뼛속까지 패인 상처만 남았다

포인트 점수

BC카드회사에서 날아온
포인트 점수 냄비 하나
받으니 입이 귀에 걸린다
속고 속이는 세상
없는 것을 있다 하고
가짜를 진짜라 하고
정치가도 기업가도 식품업자도
엿장수 가위질하며 외치듯
저마다 외치는 소리
진액처럼 쏟아지는 거짓 불빛
휩쓸고 지나가면 부끄러운 쭉정이뿐
언제 불어오려나 얼룩진 하늘
말갛게 씻어줄 바람
동장군 기세에 우듬지 움츠러들고
마음마저 꼭꼭 닫혀버렸다
점수로 등급 매기는 현실
나의 선행 악행 포인트 점수
몇 점이나 될까

붕어빵

철판에서 헤엄쳐 나온
식어버린 붕어 한 마리
수심에 젖어 있다
화방火房에서 지느러미
휘저을 때 신명 났었지
전생에 무슨 죄 지었기에
남다른 피부색
눈길조차 받지 못하는가
오가는 행인들 멈춰 서서
한 아름씩 안고 갈 때
뒤로 밀려난 채 속 타들어간다
지켜보던 하늘 안쓰러워
눈송이 날려 보낸다
허허벌판 바람 지나가는데
덮으리라 서러운 마음
축 처진 어깨너머로
함박눈 포근히 감싸 안는다

붕어빵 가족

한 평 남짓한 포장마차
이글거리는 솥에서 숨죽이고 있다가
한판 뒤집기로 승부 걸고
황홀한 열기로 나앉았다
일곱 살배기 꼬마 녀석
붕어빵 이천 원어치 좀 주세요
조막손으로 내민 지폐 두 장
너 떡집 막둥이 아닌가
말 안 해도 아빠가 누군지 알겠다 히히
붕어빵에는 붕어가 없는데
붕어 허물 뒤집어쓴 채
머리부터 꼬리까지 닮은 것들
몰래 냄새 맡고 가던 바람
못 참겠다는 듯 킁킁거리며 지켜보고
다산으로 땀 흘리던 아줌마
햇살처럼 말갛게 웃는다
닮아서 행복한 아빠와 아들
오동통한 붕어빵
꼬리 한 잎 베어 물자
입 안 가득 붕어가 헤엄을 친다

낙엽의 독백

차가운 대지 위에서
지나간 시절 그리워하며 파닥거린다
허공에 매달려 햇살과 공기
버무리며 지내던 시절
화려한 건 지나가면 그뿐
갓 내린 어둠이 모든 길 끌고 온 저녁
구석에 처박혀 깊은 사색에 잠겨 있다
한 때 머물렀던 자리 아름다웠지
물러난 자리도 아름다울 거야
썩어질 몸 흙 속에 거름으로 남아
축축하게 젖어드는 짓누르는 시간
눈물로 비워내고
흘러가버린 서녘 하늘 창백한 별빛
이제는 돌아보지 않으련다

소리

땅 많이 가졌다고 땅땅
백억 천억 가졌다고 억억
한 줌 햇볕 더 쬐기 위해
자리다툼 하는 정치가
씩씩거리는 소리

봄에는 꾀꼬리 찌르레기의 음정
오뉴월에 날아오는 뜸부기의 뜸북뜸북
가을 들면서 기러기
달빛 안고 저공비행할 때 내는 소리
낙동강 하류에 겨울 들면 고니 물새들
혼잡한 정신 올곧게 하고
출렁이는 물결 잔잔케 하는
울림 토해내는 소리들어 본다

도토리

해 질 녘 공원 주변
도토리나무 젖은
잎새들 속에서
땅으로 내려가고 싶어
안달하던 도토리
바람이 내민 손잡고 우우
뛰어내려 낙엽 뒤에 숨는다
산책 나온 사람들 봉지 들고
눈 크게 뜨고 찾는데
나무 위를 거닐던 다람쥐
뿌연 입김 토해내며 불안해하고 있다
어둠이 땅거미 적실 때까지
떠나지 않는 사람들
바람이 눈 흘기며 등 떠민다
허공 쳐다보던 다람쥐
그제야 땅 위로 쪼르르 내려온다

김 삿갓

영월 땅 산자락
낙엽 서걱 이는 길 걷노라면
봉분 같은 삿갓 속에
세상 묻고 살았을
난고蘭皐가 그리웁다

붓끝에 서린 한
삿갓 쓰고 떠돌아다닐 때
주린 배 채워 주었던 흰 구름
출세 위한 이름 아니기에
술잔 만들어 대작했을까

이제 정처 없이 떠돌던 혼의 방랑자
푸르른 산천 숨소리로 심어져
부르지 않아도 달려가는 그곳
임 떠난 자리에
무거운 걸망 둘러메고 서 있다

바람 앞에서

봉지에 쌓여 가지 끝에 매달려 있는 배
후려치는 비바람에 바들바들 떨고 있다
살려주세요 애원했지만
머리 풀고 산발한 채 미친바람
길길이 날뛰며
씨익 웃음 한번 벗어던지더니
눈알 굴리면서 휙 돌아서 간다
바람이 스치고 지나간 자리
살점 찢겨져 나가고 영혼마저 유린당해
울어야 할 때 울지 못하는 가슴
땅거미 지는 서녘 하늘 바라보며 넋을 놓는다
내 잘못만은 아니야
쏟아지는 피 울음 뒤로 한 채
유유히 사라지는 바람

가짜 조기

어물전 좌판에
목판 베고 한 줄로 누워
날 좀 데려가 주세요
눈망울 반짝이는 가짜 조기들
꽁꽁 언 몸 스스로 녹이고 있다
진짜보다 더 구수한 맛
내 비록 가짜라는 달갑잖은 이름 달고 살지만
입맛 돋우는 데는 최고여
석양이 제집 찾아갈 때
유모차에 끌려온 노파
어디 구경 좀 하입시다
진짜가 가짜 같고 가짜가 진짜 같은
종잡을 수 없는 현실
생선 파는 아줌마 눈웃음 지으며
앗다 한 마리 더 드릴게요
조기도 덩달아 앉았다 섰다 한다
당당하게
자기 신분 밝히는 조기들

개나리의 하소연

겨울 햇빛의 달콤한 귓속말에 속아
고개 삐죽 내밀었을 뿐인데
지나가는 사람들
나를 지조 없다 하네요
겨울인지 봄인지
벌써 이렇게 꽃 피우면
봄엔 어쩌라는 겁니까
나는 어디로 가야 할지
어디에 머리 두고 살아가야 할지
내일이면 다시 한파가 닥친다는데
선잠 깨고 나와 얼어 죽은들
어느 누가 가슴 아파할까
이 몸 하나 부서져도
눈 하나 깜빡 안 할 사람들

5부
꿈꾸는 인형

꿈꾸는 인형

에쿠스 승용차 운전석 옆
넋 놓고 있던 인형
햇살 비치자 마법에 걸린 듯
두 팔 벌려 환호한다
차창 밖으로 보이는 느티나무
파릇한 잎들 햇살에 반짝거릴 때마다
허리보다 굵은 뿌리내리고 있다
갑자기 돌풍이 분다
심통 부리는 저 먹구름
불만 가득 품고 머리 풀어헤치며
햇살 가로막는다
좁은 공간에 갇힌 인형
또다시 웃음 잃고 우울해한다
변함없는 마음 알고 있기에
나비처럼 날아오르는 우화등선 꿈꾸며
적막을 견디고 있다

잡초

인적 드문 퇴비장 옆
명찰 붙여지지 않는 잡초 무더기
바람이 다가와 장난치면
부끄러워 이리저리 고개 흔든다

이름 없다 하여 절망하지 않고
보는 이 없다 하여 슬퍼하지 않는 그들
모질게 뽑히어 버려져도
하늘 다시 보려고 몸부림친다

소낙비 후려치던 날
명찰 매단 능소화
맥없이 손 놓으며 울고 있다

밟히고 뽑힐 때마다
울음 토해내던 잡초들
떨어진 능소화 물끄러미 바라보며
피식 웃는다

내가 꽃이라면

봄볕 한 자락에
구름은
꽃 되어 섶 가지에 메여 있다

햇살 아래
몸 근질근질 안달하는 벚꽃들
헤프게 웃음 날리는
거부할 수 없는
저 섬섬옥수 유혹의 손길

봄 타는 내 님
어떻게 뿌리칠 것인가

내가 꽃이라면
그대에게 날아가련만
하르르 쏟아져
하늘만 쳐다본다

송이버섯

전생에 지은 죄 커서일까
키가 자라지 않는 나는
소나무 그늘에 묻혀
햇살의 눈길 한번 받지 못하고
더운 날 바람의 애무 한번 받지 못했다

윗자리에 있는 소나무여
너는 하늘 보며 별들의 숨소리 듣겠지만
나는 낮은 곳에서 등짐 진 채
흙냄새 맡고 있지

곁을 떠나지 않는 굴참나무가
설움 덩이인 나를
어루만지며 보듬어 주고 있다

멜로디가 흐르는 공원

수요일 낮
국채보상공원에서 열리는
한낮의 뮤직비타민콘서트
오카리나 색소폰 연주 성악가들의 꾀꼬리 소리
따가운 햇볕 뿌려대는 정오
지친 나무들 기립박수로 환호한다
때 이른 더위 찾아온 6월 초순
노숙자들 그늘 밑 벤치 가로로 누웠고
멀리 있는 참새들 누가 초청했는지
먼저 와 자리 차지했다
이따금 지나가는 바람
가지 흔들어 눈길 보내면
소리에 취한 이파리
더덩실 춤을 춘다
공원 모퉁이 다람쥐
쳇바퀴 돌리는 것 잊은 채
도토리 알밤으로 장단 맞추고 있는
멜로디가 흐르는 공원

생일 아침에

배꽃 소담하게 피어나는
음력 삼월에 맞이하는 생일
먼저라고 미안해하지 말라며
손수 챙겨주셨던 어머니
미역국 드세요
웬 미역국이냐 오늘 무슨 날인가
지난해부터 기억의 반 잃어버린 채
먼 산 바라보고 계시는 어머니
맛 좀 보자 창문 두드리는 햇살
미역 줄기 한 올 한 올 슬프게 흩어진다
기억 속에 꽃 이름 없고
후각은 흙냄새 잃어버려
기억할 수 없는 것들
마흔 여든 해 생일 아침
가슴에 눈물 꽃 피었다
어머니 오래오래 건강하세요

나에게 날개가 있다면

나에게 날개가 있다면
실개천 흐르는 곳으로 날아가
그대와 같이
오수를 즐기고 싶습니다
가파른 산이어도 황무지의 들이어도
그대와 함께라면
날개 달고 날아가는 그곳
범부채 원추리 참나리
바람에 실려 오는 가락에 맞춰
춤을 출 것입니다
구름은 자유롭게 능선 넘나들고
서풍은 불어와 붓 들고 난蘭 치고
천상에서 내려온
흰나비 노랑나비
어디론가 훨훨 날아갑니다

타이어

퇴근길 106번 버스에 몸 싣고서
내려앉는 눈꺼풀 타이르고 있다
반쯤 가다가 갑자기 펑
연기 내뿜으며 대성통곡하는 타이어
무더위에 펄펄 끓어오른 적 몇 날이었던가
속도에 짓눌려 야윈 몸
튕겨 나가고 싶다는 생각도 몇 번 했으리라
일만 하는 노예 아니에요
뜨거운 대지 위에 앙칼진 비명소리
핏대 세워 거리 시위하던
건축 근로자들 혀 끌끌 차며
어지간히도 부려 먹었구먼
신세가 우리랑 똑같네
이글거리던 태양 미안한지
슬며시 구름 속으로 숨어든다

배달사고

배달부의 거친 숨소리 들릴 뿐
한라봉은 보이지 않는다
잘못 찾아간 어딘가에서
눈길 한번 주지 않는다고
흐느끼고 있을 선물
촉수 돋은 혓바닥
내 품에 돌아와 주길 바라는 간절함
구름 찢고 나온 달
환하게 얼굴 내민다

응급실에서

새벽 한 시
아들놈 아랫배 움켜쥐며 끙끙거린다
경대병원 응급실에서 주치의 조치 기다리는 동안
교통사고로 다리 부러져 오는 두 살배기 꼬마
장 꼬인다며 자지러지는 할머니
위세척하는 아저씨
팽팽한 시간 어둠을 몰아내고 있다
사는 일 한순간인가
바람 한 자락 덜컹거리며 창틈으로 빠져나가고
생과 사 넘나드는 사이렌 소리
밀물 되어 왔다가 썰물처럼 지나간다

휴대전화기

보이지 않지만
들을 수 있는 안테나

뭉게구름은 누굴 찾아가는지
서쪽으로 흘러갈 때
갈무리된 마음
분수처럼 튕겨 나온다

지금은 통화 중
길게 늘어지는 소리

호수 위
작은 목선 하나
물결 따라
정처 없이 떠다닌다

문화공연

동대구역 광장에서
한바탕 춤사위 벌어지고 있다
아프리카의 독특한 율동과 악기 연주
발걸음 잡는 순간
어린 시절 약장수의 선전 있던 날
까치발로 서서 훔쳐보다가
넘어져 아우성쳤던 기억
얼굴 색깔 달라도 차별 없는
해와 달 하늘에 있어
하나 되어 어우러진 모습
서산에 걸린 석양
아쉬운 듯 눈망울 반짝인다
세계는 하나
색동옷 입고 나비처럼 날아가
짓무른 상처 어루만져 주었던 노래
지금쯤
아리랑 꽃
어디까지 피어 있나

달맞이꽃

하품하는 별들 데리고
달님이 한숨 자러 간 사이
목울대 늘이며 기다리던
달맞이꽃
어디서 오신님인가
들녘 건너온 바람
잠자던 이파리 깨우고
넋두리 들어주던 풀 여치
재롱부리며 폴짝폴짝
눈치 보며 지나가던 시냇물
멈춰 서서 눈망울 반짝인다
꿈이어도 좋아라
나 스스로 피울 수 없는 몸
그대가 환하게 웃어줄 때
비로소 내 이름 갖나니

벼

도심 속 공원 모퉁이
네모난 플라스틱 상자 안에
빼곡히 서 있는 벼
고개 쳐든 채
뱀처럼 혓바닥 길게 빼고
헉헉거리고 있다
엄마 손잡고 놀러 나온 유치원 꼬마
엄마 저게 뭐지 풀이야
아니 나중에 밥이 되는 쌀나무란다
신기한 듯 슬쩍 벼 이삭 잡아당긴다
죄도 없이 불려 와
녹색공감이란 명찰 앞에 달고
좁아터진 공간에서 숨 헐떡일 때
시원한 바람이 다가와 위로해 주고 있다
매일 밥 먹으면서도 쌀나무인지 벼인지
이름조차 알지 못하는 도시 아이들
햇볕의 따가운 눈총
벼처럼 참고 견디리라

장맛비

서러운 울분
왈칵 쏟아내지 못하고
찔끔찔끔
훌쩍이는 게
석 달 열흘이라도 괜찮겠네
할 말 다하는 소나기 부러워
구름에게 매달려 보고
바람에게도 애원했지만
너도 만만하지 않다
땅이 젖고 나무가 젖느니
바지랑대 꼭대기에
사뿐히 내려앉은 잠자리
날갯짓 펄럭이며 맞장구치고
햇살이 구름 헤집고
내려다보며 방긋 웃고 있다

파리의 울부짖음

창틀에 끼인 파리 한 마리
앵앵 소리 내며 울부짖는다
시궁창이든 두엄더미든
어디든 앉으면 제 자리요
손 벌리면 맘껏 훔쳐 먹을 수 있는
먹음직한 수박들
발버둥 칠수록 더욱 옥죄어 온다
창문 흔들며 비웃고 가는 바람
하늘은 이때가 기회다
구름을 긴급 소집 해
천둥소리로
번개로 정신 번쩍 들게 한다
몰래 창문 기웃거리던 남자
어디론가 바삐 사라진다

폭포를 보며

속수무책이다
자유를 꿈꾸며
절벽에서 뛰어내리는 폭포수
서러운 울분 산산이 부서져
더 맑아질 수 있다면
웅덩이 속 물고기 한 마리
물살 헤치며 허덕이고 있다
살려고 하는 자
죽으려고 하는 자
경계선 그 너머엔
무엇이 있는 걸까
추락한 폭포
아픔 딛고 선 물방울들
안개꽃으로 피어난다
서늘한 바람 불어온다
달도 지쳐 잠든 밤
길 잃은 별똥별 하나
황급히 사라지고 있다

능소화

능소화나무에
주렁주렁 매달린 꽃송이
내팽개쳐버리고 홀로 서 있다

비바람 몰아치던 날
어둠은 하늘과 땅을
한 몸으로 묶어두고
비웃으며 지나가는 비바람

입맛 잃은 나뭇가지들
꽃과 잎 떠나보내고
하늘을 바라본다

우리들의 모든 것에서 살아 있는 것
불이 꺼져 싸느래진 회상回想
바람과 함께 사라진다

6부
나팔꽃의 독백

나팔꽃의 독백

담장 밑 돌 틈 사이로
비집고 나온 나팔꽃 한 송이
담벼락 가파른 절벽을 기어 올라가면서
연보랏빛 스피커 켜고 나팔 불고 있다
아침마다 팽팽하게 터지는 말
어서 눈 떠 봐 아침이야
기상나팔 불어대는데
꽃이라면 나 정도는 돼야지
한나절도 못 버티고 저러다가 말걸 쯧쯧
건너편에서 지켜보던 백일홍이 비웃고 있다
뿌리 내리기 힘든 곳에서
땅으로 줄기 뻗으며 넝쿨손 휘저어
아침이면 피었다가 슬며시 이 몸 숨기지만
덧없는 사랑이라 하지 마라
나설 때와 물러설 때를 알아야 하는 법
그대 영혼 속에 다발로 번지고 싶은
내 아픈 영혼의 팽팽한 나팔소리 들리는가
질긴 힘줄로 칭칭 감고 올라
아침마다 내 사랑
만천하에 알리는 수밖에

쾌속정을 타면서

50분간 낙동강 휘저으며 달릴 때
쾌속정의 심술은 저녁 굶은 시어머니다
빨리 가는 게 최고라면 빨리 달려주마
흔들흔들 트위스트 춤
뒤집어질 듯 아슬아슬한 묘기
최고의 속도로 물 위를 질주한다
길고도 짧은 生
빨리빨리 아 어지럽다
빨리빨리 부추기는 디지털 시대
물질만능주의 팽배한 비인간적인 사회
종착역에 내릴 때
사문진 꽃들이 뭘 보고 왔느냐고 묻는다
기억나지 않는 순간들
질주의 계량을 알 수 없는 속도
창백한 햇살 한줄기 다가와
토해내고 쓰린 속 어루만져 준다
멍하니 앉아있는 내 앞으로
달팽이 한 마리 기어가고 있다

키에 대한 단상

키 재기 하던 아들 녀석
엄마는 난쟁이라고 놀린다
철부지 응석 집안에 널브러지는데
좁은 소갈딱지 툭툭 털어내며
가슴도 같이 자랐으면 좋겠다
내 학창 시절
키 큰 사촌 따라가려고
머리에 얹은 것들
아우성으로 몸부림쳤었지
엄마 따라 십리 길 마다하지 않고 걸어갈 때
머리에는 늘 짐보따리 얹혀 있었고
납작해진 정수리 물동이도 제자리인 양
넘어지지 않고 넘실거렸네
세월 좋아 머리에 이는 것 없고
번호만 누르면 무거운 물건들
쪼르르 달려와 주건만
줄어들기만 하는 나의 키
바람 타는 연륜이 아름다운 나이
마음만이라도 넓게 키우련다
세상 끌어안으며
얼어붙은 생각 녹여보련다

수박

수박 들고
쉬엄쉬엄 가는 길
어릴 때는
5일장에서나 수박 맛보았지
어머니 오실 시간
쪼르르 마중 나가 들고 오다가
발 헛디뎌 산산조각 난 수박
괜찮아 개미들 차지하기 전에 어서 먹어
먹구름 사이 해님 벙실거리고
지나가는 바람 입맛 다시던
단물 훌쩍이며 들이켰던 기억
어깨 늘어뜨린 몸
땀방울로 쥐어짜면서도
아, 달아요 그 한 마디에
함박웃음 피어나는
예전의 울 어머니

도서관에서

도서관에 찾아온 꿈나무들
책 속에 들어서면 수채화로 핀다
초롱초롱한 눈망울
책 한 잎 베어 먹고
쑥쑥 자라나고 있다
오늘의 나를 있게 한 건
작은 도서관이었지
더 넓은 세상 보고 싶어
가방 가득 책 빌려 가는 아이들
오늘 밤 꿈속 날개로 돋아나
꿈의 언덕 박차고 오르렴

가을의 끝자락

바람이
낙엽 떨어뜨리고 지나가면

달 보며
마시는 술은 왜 취하지 않을까

봄부터 키워온 잎과 꽃과 향기
엊그제 같은데

저 멀리
산 능선 넘어가는 늦가을

차마 돌아서지 못한 채
손 흔들고 있다

미명未明을 찾아서

품어내는 향기 좋아 다가갔지만
내민 손잡기엔
참으로 먼 거리였습니다

좁혀지지 않는 간격
성급한 마음은
달도 별도 구름 속에 갇히게 합니다

젖은 진눈깨비
홀로 내팽개쳐져
온밤 목 놓아 울었던 지난날

호락호락하지 않은 당신의 뜻
이젠 알 것 같습니다

비둘기의 비애

처마 모퉁이에 터 잡고
새끼 낳아 먹이 실어 나르던 비둘기
둥지 한순간 철거되어 없어지고
그물망 쳐져 들어갈 수 없다
평화의 상징으로 깃발 날리던 그들
비둘기 몸에서 떨어진 배설물
흙과 지렁이 굼벵이까지
집주인이 몽당 빗자루로 쓸어내린다
천덕꾸러기 되어 쫓겨난 몸
무거워진 어깨
목 밑까지 차오르는 슬픔
시커멓게 속 타 버린 어둠 사이로
구구 구구
한 줄기 바람이
몰래 처마 끝에 머물다 간다

말 한마디의 값

콩나물 사면서 참 맛있겠네요
딱 한마디 했을 뿐인데
앗다 기분이다 덤으로
어제보다 더 많이 담아주는
쇼핑가방 들고
뒤뚱뒤뚱 걸어가는 아줌마
좀 들어 드릴까요
슬쩍 말 건넸는데
부피만 큰 물건이지 괜찮아요
봄볕보다 더 따스한 미소 하나
덤으로 얹어주는
감사합니다
되로 주고 말로 받는
그 말 한마디의 값
돈 들이지 않고도
큰 힘 들이지 않고도
정情 낼 수 있는 말

동굴을 지나며

어둠의 동굴은 길었다
오래 걸어 발 부르트고
돌멩이에 걸려 넘어져 피멍 들고
지친 몸 주저앉고 싶을 때
저 먼 곳에서 희미한 빛 보인다
그 얼마나 출구를 찾았던가
언 땅 뚫고
씨앗이 촉수 내밀 때
두꺼운 각질 뚫고 가지마다 핀
하얀 목련꽃이 가쁜 숨 가다듬고
나에게로 다가오고 있다

종이 한 장 차이

산 오를 때 가쁜 숨 몰아쉬었다
정상에서 발아래
세상을 내려다보기 위해
얼마나 올라왔을까
땀범벅으로 얼룩진 얼굴
바람이 다가와 쓰다듬어 주었다
정신없이 올라온 길
다시 내려갈 길 7.5킬로
갈대밭을 보라
바람 불 때마다 고개 숙이지만
쓰러지지 않지
지옥과 천국이 어디이더냐
아득히 작아져서 결국엔
점 하나 될 것인데
구르는 돌이 되고 싶다
모난 모서리 없어지면
종이 한 장 차이로
빳빳하게 고개 들 이유 없지

아프면

삭막한 벌판에서
바람에 흔들리는 가지 되어
허공에 휘청입니다
신열로 축축하게 젖은 몸
제 안에서 들끓는 소리
연약한 가지에
어깨뼈 내려앉고
웅그러지는 살점
먼 산 응달 흰 눈 녹으면
붉은 피톨
새 잎으로 부활하겠지

베짱이

베짱이 한 마리 주검으로
양지바른 무덤가에 널브러져 있다
지난여름 짙은 나무 그늘에서
노래 부르던 그 목청
누구도 기억해 주지 않는다
개미가 땀 흘리며 일할 때
비웃지 않았던가
이웃에 바람 쐬러 지나가던 개미
베짱이 가슴 헤집고 물끄러미 들여다본다
차고 냉랭한 바람이 힐끔
뒤돌아보더니 그냥 스쳐 지나간다

밤손님

방범 벨 울려서 점검하다가
발견한 도둑고양이
뱃가죽에 오물 잔뜩 묻히고
베란다 창가에 웅크리고 있다
이 낮은 집에 뭘 가지러 왔을까
두 눈 마주치는 순간
실거미 같은 소리로 대항한다
세상에 대한 적의를
어둠 속에서 토해놓고 있다
가져갈 게 있다면 가져가라
무엇으로도 달랠 수 없는 저 광기
창틀 뒤에서 지켜보던 달님
에끼 놈 하며 그놈을 데려갔다

밤비

광야廣野를 헤매다
살며시 발 들여놓는다
기다림에 지친 나무
두 팔 뻗으면
귀에 익은 발자국 소리
온몸으로 얼싸안는다
부끄러워 어둠 밟고 찾아온 너
구름이 놓아주지 않던가
바람이 갈 길 방해하던가
탕자 되어 돌아온 밤
지쳐 있던 마음과 마음
서로 끌어안는다

국화

마냥 피어 있을 줄 알았는데
자고 나면 떨어지는 것을
어찌한답디까

만지기만 해도
으스러지는 모양새
언제까지나 화려할 줄 알았는데
그렇게 시들면
무엇으로 위안 받습니까

피 끓는 젊음도
국화처럼 시들고 마는 것을

나잇살의 속사정을
세월에게 물어봐도
대답이 없습니다

해설

풍자의 멋과 詩 알맹이

| 해설 |

풍자의 멋과 詩 알맹이

황갑윤
시인, 문학평론가 문학박사

엘리엇은 시를 쓴다는 것은 시인에게 있어서 하나의 새로운 경험인 동시에 그것을 읽는 것은 시인에게 있어서나 또 하나의 경험이다. 라고 했고 비슐라르는 시를 쓴다는 일은 언제나 꿈꾸는 일이며 시를 혀끝으로 쓰는 것이 아니라 깨달음으로 쓰는 꿈꾸는 세계이라고 말한 것을 상기 된다. 이런 말들은 새로운 언어와 신선한 작품성을 가져야한다는 말로, 작품을 읽으면서 긴장감을 더하든지 쉽게 읽혀도 그것이 탄력을 가지고 가슴을 울려주는 시, 깊은 사색이 담긴 자기 철학과 사상 감정을 창조적으로 직조할 때 숨 쉬는 시가 되어 만인의 가슴에 파고드는 것이다. 이렇게 볼 때 김임백 시인의 시가 시적 내면 속에서 뜨거운 눈물과 가슴이 타는 서정적인 감성을 통합한 의지의 성향이 있어 보인다.

시에는 두 가지 난점이 있다. 탁자啄字와 연구鍊句의 숙

달이나 사물의 이치를 체험하고 정서를 묘사하는 미묘한 일들이 어려운 것은 아니다. 오직 자연스러움이 첫째의 어려움이고 깨끗한 여운을 남기는 것이 두 번째 어려움이다. 이러한 시 이론들은 오늘날 현대시의 이론에 견주어도 조금도 손색이 없다고 하겠다. 시문학을 논의하기보다는 가능하면 시를 직접 쓰는 것이 훨씬 나을 것이다. 그렇다고 아무나 시를 쓸 수 있는 것은 아니다 선천적으로 창조의 재능을 타고나야 하기 때문에 시인이 된다는 것은 선택받았다는 것이고, 시인은 그만큼 축복받은 사람이다. 시를 쓴다는 것은 자기실현이며 자기 동일화의 과정이기도 하다. 따라서 시의 대상은 자신의 내부에 있는 것이지, 결코 다른데 있는 것이 아니다. 산에서 솔바람 소리에 귀를 적시고 있으면 한없이 평화로워진다. 골짜기를 끼고 흘러가는 물소리는 행복하다.

김임백 시인의 두 번째 시집「부화를 꿈꾸며」원고를 읽으면서 나는 자연의 노래 소리를 듣는 것 같은 경험을 하였거니와 이런 기회를 갖게 된 것을 기쁘게 생각한다. 시인은 무엇으로 사는가. 나는 시라는 방패 하나만을 들고도 불의의 세상에 맞설 수 있었으며, 넘을 수 없는 한계상황도 뛰어넘어 최후의 완성만을 생각하며 살 수 있었다.

길바닥에 내팽개쳐져
속울음 삼키던 폐타이어 하나

달리는 자동차 바퀴를 물끄러미 바라본다
나도 한때는 저렇게 달렸지
겁 없이 담벼락이나 시궁창을 들이박고
전치 3주의 진단 받아도
오직 질주만을 생각하며 살아온 날들
일생을 아스팔트에 바치고
평생 속도에 지친 몸
때로는 마음 속 묻어 둔 내일의 희망뿐
아무 것도 가진 것 없었다
영혼의 궁핍 속에서
가슴 한쪽만 가지고 살아온 날들
폐타이어 틈새로 고개 내민 민들레꽃 한 송이
이제 나랑 놀자 하며
환한 웃음 머금고 손 내민다
비가 오면 두둥실 나룻배 띄우고
바람 가득 찼던 허황된 꿈마저 비워낸 채
오직 내 한쪽 팔 늘어지고
내 등뼈 휘어져 쭈그리고 앉아
오로지 미쳐버린 불사조처럼
아직 남은 온기로 아무도 눈길 주지 않는
노란 민들레꽃 한 송이 키우고 있다

– 『상생(相生)』 전문

문학적 상상력과 내재된 작가의식, 수사법활용 의미부여 등 글쓴이의 사상과 감정을 보다 효과적으로 나타내기 위한 표현의 기교 독자들에게 주는 감동 등 안정된 호흡을 유지하고 어떤 규격화된 틀 속에 갇혀 있지 않고 독창성을 유지하는 것에서 의미와 메시지가 '찐한 느낌'을 전달하는 작품이다.

또한 일상 속에서 자기반성을 철저하게 밀어붙인 점을 좋게 읽었고. 인간이 태어나서 삶의 뒤안길에서 혼자만의 고독과 고뇌를 함께 상생할 수 있는 노란민들레가 함께 할 수 있다는 것 등 안전하고 매끄러워 독자에게 메시지를 전달하고 있다.

한여름 대낮에 눈 부라리며 흥분하던
태양이 먼저 강물로 뛰어들고
뒤따라 수양버들이 첨벙 뛰어들고
붉게 지친 능소화도 수줍게 발 담근다
강물은 이유 없이 받아 주고 있다
너럭바위 닮으셨던 아버지
물살 되어 일렁인다
4남매 첨벙첨벙 물속 뛰어들었을 때
마음밭 일깨워 철들게 하셨지
산자락에 기대어 서서
푸른 잎 풀어 그늘 만들고
밤이면 곤한 새들의 날갯짓
은하의 강 건너고 있겠지

—「강가에서」 전문

김임백 시인의 시는 자연의 노래처럼 진술할 뿐 아니

라 읽을수록 깊은 울림을 준다. 요즘의 시를 보면 기교가 지나쳐 뜻이 흐려지고, 은유가 넘쳐 가락을 잃는 것이 많다. 이에 비해 김임백 시인의 시는 자연스럽다.「강가에서」에 나타나 있듯 시인은 '물처럼 사리라' 는 그냥 살아가리라 약속을 한다. 봄이 오면 여름이고 여름이다. 라고 생각하면 가을이며 또한 겨울이다. 굽이굽이 휘돌아 온 날들 잃어버린 길 찾아 나서야 하는데 엄두 내지 못한 채 강가에서 하늘만 쳐다보고 있다. 자연의 섭리를 오롯이 받아들여 그 모습 그대로 살아가겠다는 것이다 여기서 시인의 시적 개성이 뚜렷이 드러나고 현실에 맞서는 직설적 화법이 그것이다.

무엇을 얻으려고 안간힘 썼던가
겁 없이 훌쩍 담장 뛰어넘으려 했지만
더는 디딜 곳 없는 허공 아득하여라
여린 발가락 움직여
담벼락 오를 때 부풀었던 꿈들
보란 듯 꼭대기에서 짙푸른 빛으로
담장 너머 먼 세상 거머쥐려 했건만
축대 벽에 붙어 수맥은 마르고
팔다리 떨려도 힘차게 오른다
바람이 살갗 스쳐 지나가
핏기 마른 가슴 바싹 움츠러든다
이슬처럼 머물다 사라질 몸
분별없이 천하를 내 것인 양

하늘로 올라갈 것처럼 교만했던 지난 날
한 마음 가슴으로 삼키고
담벼락을 움켜지고 기댄 채
땅속 깊은 곳 물소리에 귀 기울인다

－「겨울 담쟁이」전문

김임백 시인의 「겨울 담쟁이」시에서는 풋풋한 풀잎 향기가 난다. 새벽이슬에 내린 오솔길에서 옷자락이 젖듯 시를 읽다보면 어느새 마음이 젖어드는 것이다. 그 특유의 섬세한 표현과 아름다운 시어들이 조용한 산사山寺에 든 듯 안식을 주고 있다 현란한 수사 어나 뒤틀린 표현 기교들을 사용하지 않아 읽으면 그대로 스미듯 자연스레 의미가 전달되는 작고 수수한 겨울 담쟁이의 본 모습을 만나는 듯 그리 편할 수가 없다, 세월 속에서 빚어진 진액이 모인 듯 작가의 삶이 엿보여 지기도하며 저절로 그 향에 취하게 된다. 김임백 시인의 작품전체가 직유와 비유로 구성되어있으며 추상적 관념에서 비치는 희망 그리고 사랑, 결국 시와 사랑은 황폐한 현실로부터 화자 자신을 구원시키는 요소이다. 목숨을 다해야만 끝나는 사랑 시처럼 살다 시처럼 죽어가는 이런 소망이야말로 절대의 순간이며 순수의 결정체라 하겠다. 여름, 가을에는 화려한 잎에 가려 보이지 않다가 겨울이면 원래의 본 모습을 보이는 담쟁이, 김임백 시인의 이 시가 독자들에게 많이 읽혀지고, 많은 사랑을 받으며 정신적 안식처가 될 수 있다면 좋겠다.

새벽이슬에 젖은 나팔꽃
햇살로 망울 털고 있을 때
막 깨어나 부화한 나비 떼
창공으로 날아오른다
저 나비 떼 좀 봐
나도 나비처럼 부화하는 거야
은하수 넘실대는 밤이 되어서야
고요로 언어를 쏟아내듯
나비 되려는 몸짓
어둠 속에서 막막한 고뇌
가슴으로 부딪치고
머리로 들이밀어 볼까
돌풍 불어오는 황야에 서서
껍질을 깨고 밖으로 나오듯
한 꺼풀 벗긴다는 것은
통증을 자초하는 것
언젠가는 샛별 되어
은하수 강가에서 횃불 흔들겠지

–「부화를 꿈꾸며」전문

막 부화한 나비데 훨훨 창공으로 날아가고 있다. 세상을 살다보면 어려움에 직면할 때가 많이 있다. 망망대해에 홀로 있는 듯한 느낌은 어떠할 것인가. 희망이 보이지 않고 죽음이 엄습해오는 절대 절명의 순간이 온다면 우리는 어쩌면 삶을 포기하려는 마음이 생길지 모른다. 그러나 정작 우리가 두려워해야 할 것은 절망자체가 아니라 절망하고 포기하는 마음이다. 김임백 시인은 이 시편에서 '고정된 틀이란 없다' 라고 삶을 규정하고 있다. 어떤 이에게는 물질의 풍요가 그 척도가 되겠고 어떤 이에게는 명예가, 또 다른 사람에게는 자연과 더불어 본성에 충실한 삶이 그것일 것이다. 다만 이런 어려움이 왔을 때 '흔들려도 꿋꿋하게 수평선을 바라볼' 그 자세가 중요한 것이다. 이 시편에서 「돌풍 불어오는 황야에 서서/ 한 꺼풀 벗긴다는 것은/ 통증을 자초하지만/ 꿈꾸는 자, 언젠가는/ 먼 길 떠나는 샛별 되어/ 강가에서 횃불 흔들겠지」절망 속에서 희망을 가지라는 메시지이다.

거미줄에 걸려든
잠자리 한 마리 그네를 타고 있다
나무 가지 끝에 오르락내리락 실 풀어내며
자기만의 영역 엮어가던 거미
나를 그만 내려 주세요
애원했지만 묵묵부답
잘난 척 날갯짓하며
허공 휘젓던 잠자리
얕잡아보고 들어간 거미줄
그 언저리에서

필사적으로 몸부림친다
듬성듬성 보이는 조각난 하늘엔
굶주린 구름 떼들 떼거리로 몰려들고
태양은 눈 지그시 감고 있다
마침내 하나의 슬픔을
못물처럼 완벽히 가두고 말았다
둘 다 열반에 들었는지 미동이 없다

–「거미줄」 전문

아침 햇살 받으며 소나무들이 기지개를 켤 때 거미가 열심히 솔가지에 거미줄을 치고 있다. 이 때 잠자리 한 마리가 걸려들었다. 얕잡아 보고 들어간 곳이 지옥이 될 줄이야. 창공을 훨훨 마음껏 날던 시절을 생각하며 빠져나오려고 필사적으로 몸부림쳐 봐도 그럴수록 몸은 점점 더 옥죄어 올뿐이다. 거미줄 사이로 보이는 하늘이 조각난 것처럼 보인다. 태양도 생사가 달린 잠자리를 외면한 채 눈을 감고 있다. 이 작품은 아주 쉽게 풀어 쓴 수법으로 창작되어 어려운 낱말 하나도 들어 있지 않고 쉽게 읽을 수 있는 작품이라 하겠다. 우주를 풍요롭게 하고 가슴이 따뜻한 사람들이 있는 곳을 찾아 화자는 무작정 하루를 쉬기 위해 길을 떠난다. 화자는 삶을 살아오면서 화나게 했던 모든 것들에 대하여 넉넉하고 초연하고 지혜롭게 살아왔다고 자부하지만 자신을 뒤돌아보니 한 순간의 빛이었다고 독백하고 있다. 시인은 혼탁한 세상일수록 자연의 섭리대로 더불어 살아가야 한다면 그 넉넉한 품이 되고자 한다. 시인은 우리의 삶을 억압하는 요소들에 대해 순응했지만 한편으론 줄곧 자기 자신을 들여다보고 있었던 것이다.

김임백 시인은 정서가 문학의 근본적 요소요, 시의 특성인 것과 같이 상상은 시의 창조성을 더해주는 요소로 군림한다. 무엇이나 근거 없이 생각하는 것을 상상이라고 하지 않는다. 상상은 독립된 마음의 기능이 아니고 정서나 지성이나 그 밖의 여러 가지 요소와 유기적으로 함유된 체험의 양상이라는 것이다. 현실과 상상을 직유와 비유, 은유로 표현한 김 임백 시인은 우리 모두에게 반성과 지각을 촉구하는 내용을 함유한 시詩를 창작한 것이다. 시인은 천형의 죄인이라 했다. 즉 시인은 시를 쓰지 않으면 죄인이 된다는 말이다. 또한 시인은 외줄을 타는 광대라고 했다. 외줄을 타는 광대가 관중을 의식한다면 외줄에서 떨어질 것이다. 시인은 독자를 의식하여 시를 쓴다면 그 시는 죽은 시이다. 시인은 시와 결혼을 한다면 내가 시가 되고 시詩가 내가 될 것이다. 화자는 이 세상을 위해 살아온 삶의 무게만큼 헌신할 때만 실현이 가능하다는 것이다.

김 임백 시인의 작품은 시적 감동의 근원이 조금도 어렵지 않았음을 독자는 느낄 것이다. 서정과 주지의 자유로운 교합과 상상, 그리고 체험을 통한 언어의 적절한 구사와 시구들이 실감나게 떠오르는 시편들은 지혜의 넉넉함이 밑바탕에 흐르는 강물이 되어 독자들로부터 많은 공감을 불러올 수 있으리라 생각한다. 끝으로 산고의 고통 속에서 탄생된 제 2시집「부화를 꿈꾸며」는 삭막한 현실 세계의 피곤함을 잠시나마 잊을 수 있도록 안식처가 되어주길 바라며 독자들에게 많이 읽혀지고 사랑받는 시집이 되길 기원하며 축하의 말과 문운을 빈다.

부화를 꿈꾸며

인쇄일 2019년 6월 05일
발행일 2019년 6월 10일

지은이 김임백
펴낸이 박철수
펴낸곳 도서출판 해암

등록번호 제325-2001-000007호
주소 부산시 중구 백산길 17 삼성빌딩 702호
전화 051)254-2260, 2261
팩스 051)246-1895
메일 haeambook@daum.net

ISBN 978-89-6649-170-4 03810

값 10,000원

*이 도서의 국립중앙도서관 출판예정도서목록(CIP)은 서지정보유통지원시스템 홈페이지(http://seoji.nl.go.kr)와 국가자료공동목록시스템(http://www.nl.go.kr/kolisnet)에서 이용하실 수 있습니다. (CIP제어번호 : CIP2019022074)